isla
island

torta ⟨...⟩
birthda⟨...⟩

500 PALABRAS NUEVAS PARA TI

500 WORDS TO GROW ON

dinosaurio
dinosaur

paraguas
umbrella

Illustrated by Kristin Kest

A Random House PICTUREBACK® Book

Random House 🏠 New York

Illustrations copyright © 2005 by Kristin Kest.
All rights reserved under International and Pan-American Copyright Conventions. Published in the United States by Random House Children's Books, a division of Random House, Inc., New York, and simultaneously in Canada by Random House of Canada Limited, Toronto.
www.randomhouse.com/kids
ISBN: 0-375-83308-0
Library of Congress Control Number: 2005925438
Printed in the United States of America First Edition 10 9 8 7 6 5 4 3
PICTUREBACK, RANDOM HOUSE and colophon, and PLEASE READ TO ME and colophon are registered trademarks of Random House, Inc.

COLORES
COLORS

rojo
red

fresas
strawberries

anaranjado
orange

zanahorias
carrots

amarillo
yellow

canario
canary

verde
green

guisantes
peas

azul
blue

campanillas
bluebells

violeta
purple

ciruelas
plums

gris
gray

ratón
mouse

pardo
brown

piña
pine cone

blanco
white

conejo
rabbit

negro
black

tinta
ink

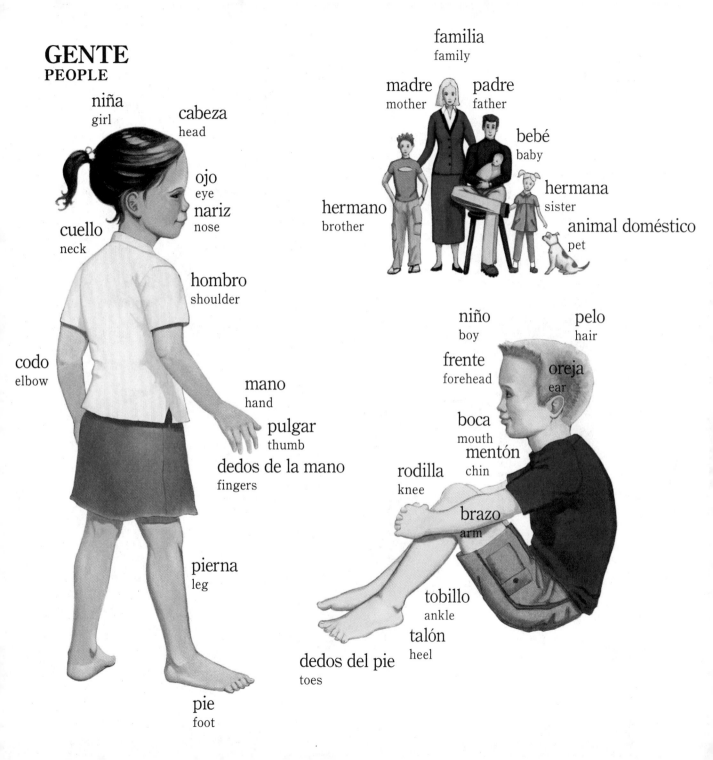

GENTE
PEOPLE

familia
family

niña
girl

cabeza
head

ojo
eye

nariz
nose

cuello
neck

hombro
shoulder

codo
elbow

mano
hand

pulgar
thumb

dedos de la mano
fingers

pierna
leg

pie
foot

madre
mother

padre
father

bebé
baby

hermano
brother

hermana
sister

animal doméstico
pet

niño
boy

pelo
hair

frente
forehead

oreja
ear

boca
mouth

mentón
chin

rodilla
knee

brazo
arm

tobillo
ankle

talón
heel

dedos del pie
toes

ROPA
CLOTHING

orejeras
earmuffs

anteojos
glasses

gorra de béisbol
baseball cap

gorra para lluvia
rain hat

bufanda
scarf

anteojos de sol
sunglasses

vestido
dress

impermeable
raincoat

abrigo
coat

calcetines
socks

cinturón
belt

guantes
gloves

camisa
shirt

mitones
mittens

mameluco
overalls

botas
boots

botones
buttons

anillo
ring

falda
skirt

pantalones
pants

sombrero de vaquero
cowboy hat

suéter
sweater

piyama
pajamas

chaqueta
jacket

botas de
vaquero
cowboy boots

camiseta
T-shirt

camisón
nightgown

corbata
tie

albornoz
bathrobe

zapatos
shoes

pantalones
interiores
underpants

calzoncillos
shorts

zapatillas
de tenis
sneakers

zapatillas
slippers

sandalias
sandals

JUGUETES
TOYS

pelota
ball

columpio
swing

pinturas
paints

muñeca
doll

cuerda de saltar
jump rope

pincel
paintbrush

sube y baja
seesaw

bolitas
marbles

aro de hula
hula hoop

arcilla
clay

vídeo juego
video game

juego
board game

osito
teddy bear

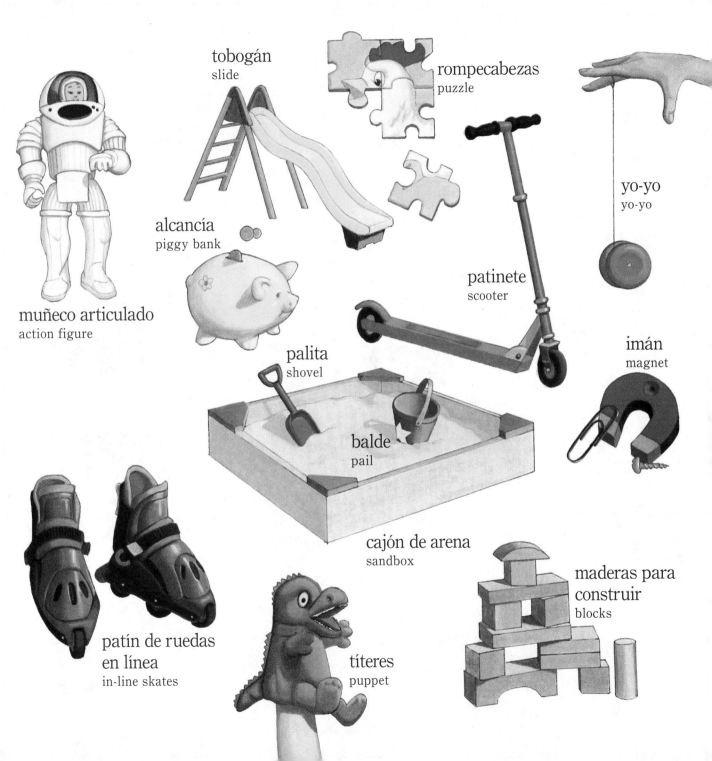

tobogán
slide

rompecabezas
puzzle

yo-yo
yo-yo

alcancía
piggy bank

patinete
scooter

muñeco articulado
action figure

imán
magnet

palita
shovel

balde
pail

cajón de arena
sandbox

patín de ruedas
en línea
in-line skates

títeres
puppet

maderas para
construir
blocks

COCINA
KITCHEN

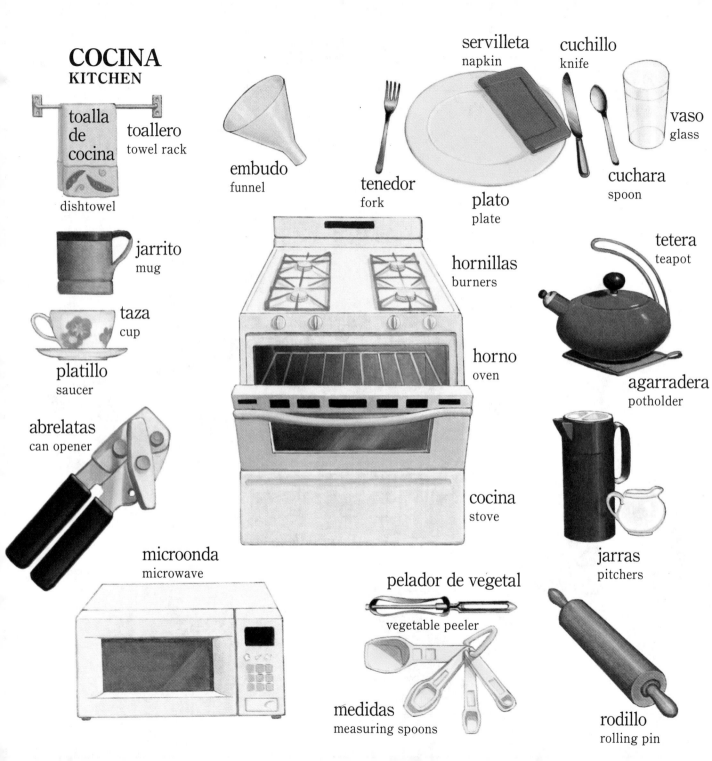

toalla de cocina
toallero
towel rack
dishtowel

embudo
funnel

servilleta
napkin

cuchillo
knife

vaso
glass

tenedor
fork

plato
plate

cuchara
spoon

jarrito
mug

taza
cup

platillo
saucer

hornillas
burners

horno
oven

cocina
stove

tetera
teapot

agarradera
potholder

jarras
pitchers

abrelatas
can opener

microonda
microwave

pelador de vegetal
vegetable peeler

medidas
measuring spoons

rodillo
rolling pin

tostada toast
batidora mixer
cucharón ladle
pinzas tongs
tostador toaster
espátula spatula
cepillo whisk
plancha iron
tazónes bowls
congelador freezer
comida food
tabla de planchar ironing board
refrigerador refrigerator
fregadero sink
gota de agua drop of water
cacerola pot
olla pan
cafetera coffeepot

COMIDA
FOOD

galletitas
cookies

pretzels
pretzels

cereal
cereal

mostaza
mustard

ketchup
ketchup

huevos
eggs

pepinillos
pickles

hamburguesa
hamburger

almíbar
syrup

espaguetis
spaghetti

perro caliente
hot dog

panqueques
pancakes

leche
milk

mantequilla
butter

pan
bread

sal
salt

pimienta
pepper

helado
ice cream

panecillo
roll

queso
cheese

jalea
jelly

bocadillo
sandwich

sandía
watermelon

piña
pineapple

melocotón
peach

peras
pears

uvas
grapes

plátanos
bananas

manzana
apple

naranjas
oranges

limón
lemon

cerezas
cherries

apio
celery

cebollas
onions

papas
potatoes

ajo
garlic

pimientos
peppers

rábano
radish

lechuga
lettuce

pepino
cucumber

hongos
mushrooms

maníes
peanuts

tomate
tomato

maíz
corn

remolacha
beet

VEHÍCULOS
VEHICLES

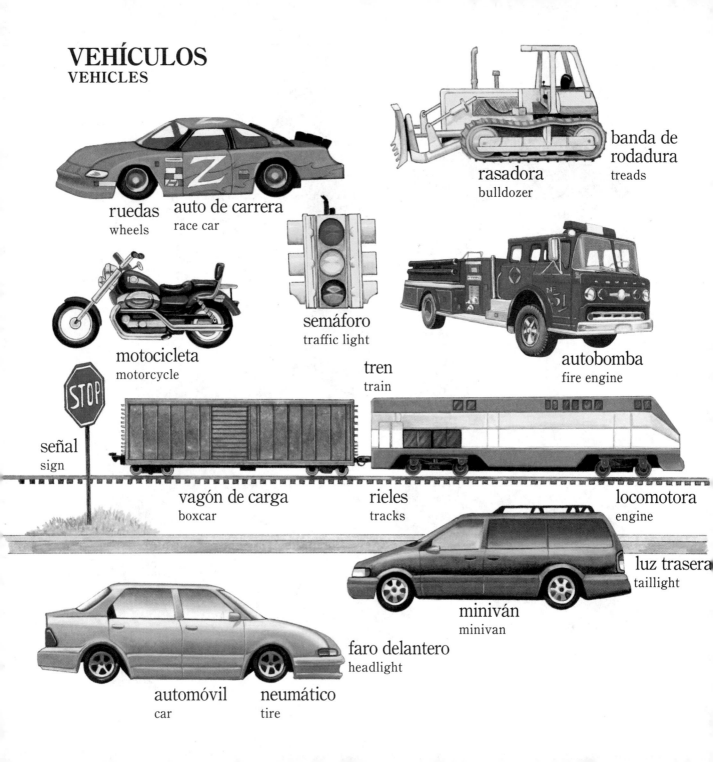

ruedas
wheels

auto de carrera
race car

rasadora
bulldozer

banda de rodadura
treads

motocicleta
motorcycle

semáforo
traffic light

tren
train

autobomba
fire engine

señal
sign

vagón de carga
boxcar

rieles
tracks

locomotora
engine

luz trasera
taillight

miniván
minivan

faro delantero
headlight

automóvil
car

neumático
tire

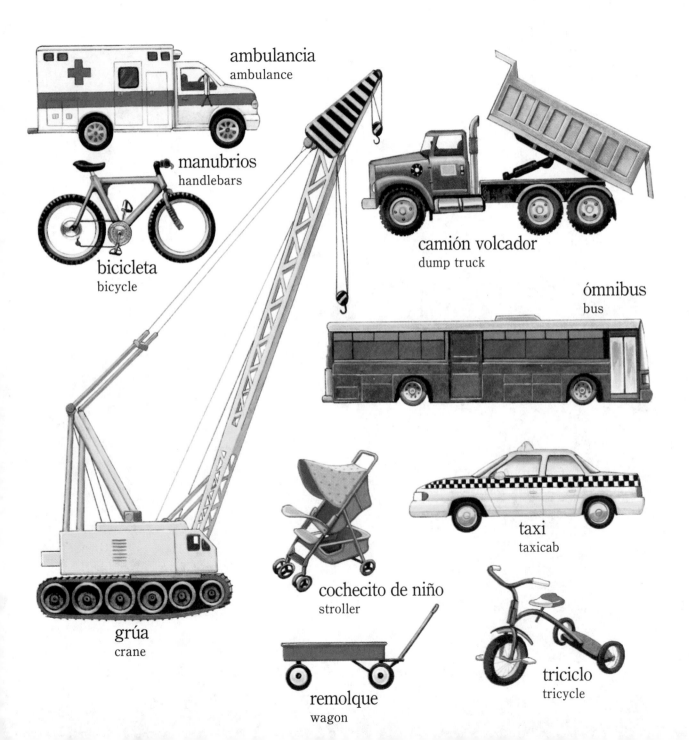

ambulancia
ambulance

manubrios
handlebars

bicicleta
bicycle

camión volcador
dump truck

ómnibus
bus

grúa
crane

cochecito de niño
stroller

taxi
taxicab

remolque
wagon

triciclo
tricycle

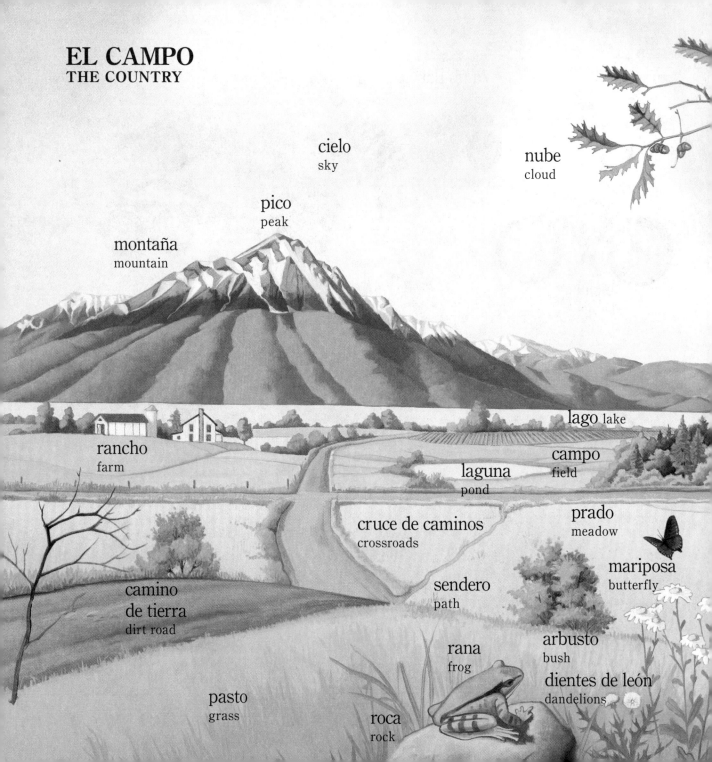

EL CAMPO
THE COUNTRY

cielo
sky

nube
cloud

pico
peak

montaña
mountain

lago lake

rancho
farm

campo
field

laguna
pond

prado
meadow

cruce de caminos
crossroads

camino
de tierra
dirt road

sendero
path

mariposa
butterfly

arbusto
bush

rana
frog

dientes de león
dandelions

pasto
grass

roca
rock

rama
branch

hoja
leaf

alondra
meadowlark

árbol
tree

cerros
hills

pueblo
village

puente
bridge

ómnibus escolar
school bus

cerca
fence

río
stream

flores
flowers

malas hierbas
weeds

margaritas
daisies

rosa
rose

ANIMALES
ANIMALS

murciélago
bat

monos
monkeys

foca
seal

cola
tail

jirafa
giraffe

oso
bear

casco
hoof

tigre
tiger

mapache
raccoon

ardilla
squirrel

zorro
fox

tortuga
turtle

araña
spider

serpiente
snake

lengua
tongue

canguro
kangaroo

pez
fish

trompa
trunk

elefante
elephant

melena
mane

león
lion

camello
camel

EL RANCHO
THE FARM

silo
silo

granero
barn

tractor
tractor

vaca
cow

horquilla
pitchfork

heno
hay

caballo
horse

carretilla
wheelbarrow

oveja
sheep

cordero
lamb

gallo
rooster

pollos
chickens

gallina
hen

gatitos
kittens

gato
cat

cerdo
pig

perro
dog

pelaje
fur

cabra
goat

cachorros
puppies

LA CASA
THE HOUSE

peine
comb

cepillo de dientes
toothbrush

equipo estereofónico
stereo

llave
key

ojo de la cerradura
keyhole

jabón
soap

cepillo
hairbrush

pasta dentífrica
toothpaste

sofá
couch

almohada
pillow

bombilla
lightbulb

colcha
quilt

alfombra
rug

cama
bed

cuadro
picture

pilas
batteries

puerta
door

pared
wall

linterna eléctrica
flashlight

interruptor
de la luz
light switch

piano
piano

tirador de
la puerta
doorknob

tomacorrientes
socket

escalón
step

lámpara
lamp

escalera
stairway

enchufe
plug

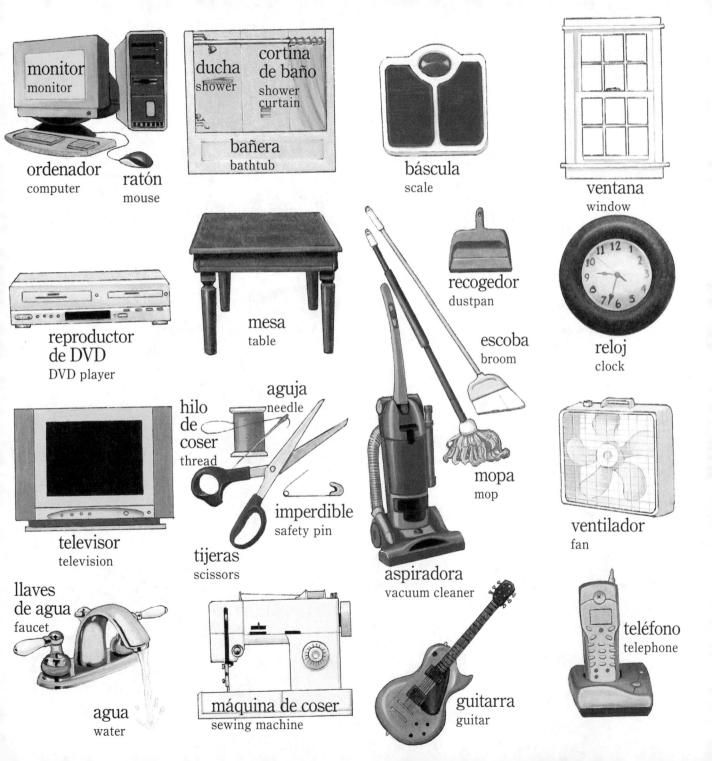

monitor
monitor

ordenador
computer

ratón
mouse

ducha
shower

cortina de baño
shower curtain

bañera
bathtub

báscula
scale

ventana
window

reproductor de DVD
DVD player

mesa
table

recogedor
dustpan

escoba
broom

reloj
clock

televisor
television

hilo de coser
thread

aguja
needle

imperdible
safety pin

tijeras
scissors

mopa
mop

aspiradora
vacuum cleaner

ventilador
fan

llaves de agua
faucet

agua
water

máquina de coser
sewing machine

guitarra
guitar

teléfono
telephone

EDIFICIOS
BUILDINGS

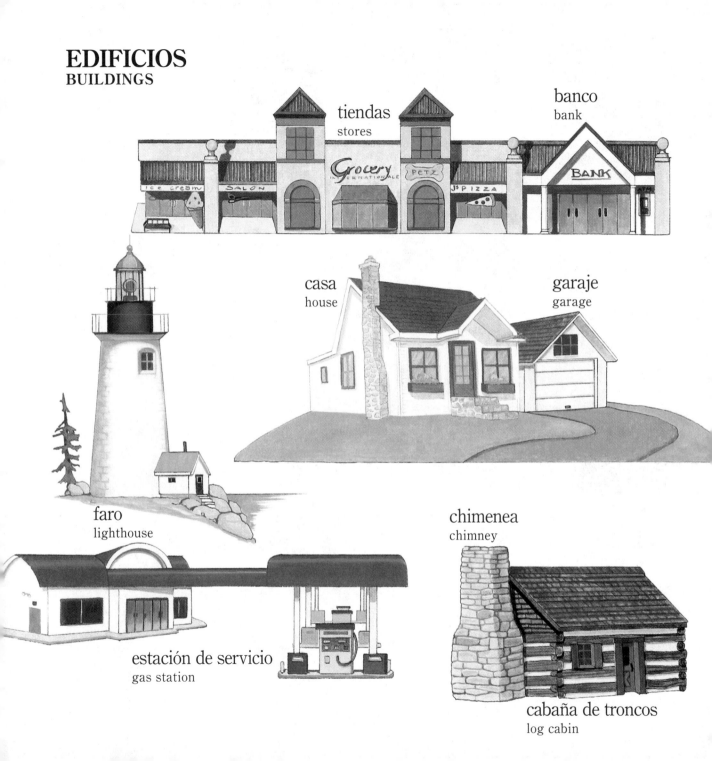

tiendas
stores

banco
bank

casa
house

garaje
garage

faro
lighthouse

chimenea
chimney

estación de servicio
gas station

cabaña de troncos
log cabin

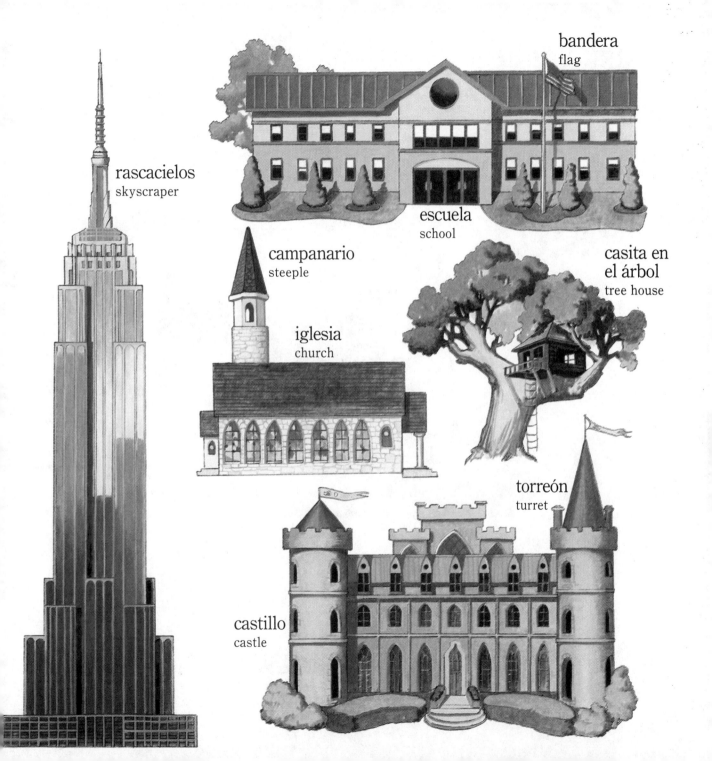

rascacielos
skyscraper

bandera
flag

escuela
school

campanario
steeple

casita en
el árbol
tree house

iglesia
church

torreón
turret

castillo
castle

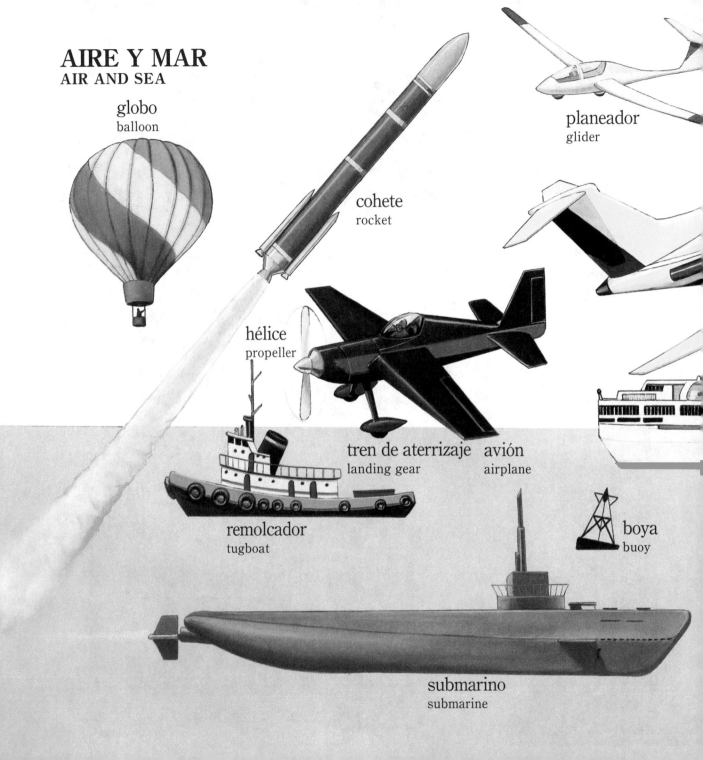

AIRE Y MAR
AIR AND SEA

globo
balloon

planeador
glider

cohete
rocket

hélice
propeller

tren de aterrizaje
landing gear

avión
airplane

remolcador
tugboat

boya
buoy

submarino
submarine

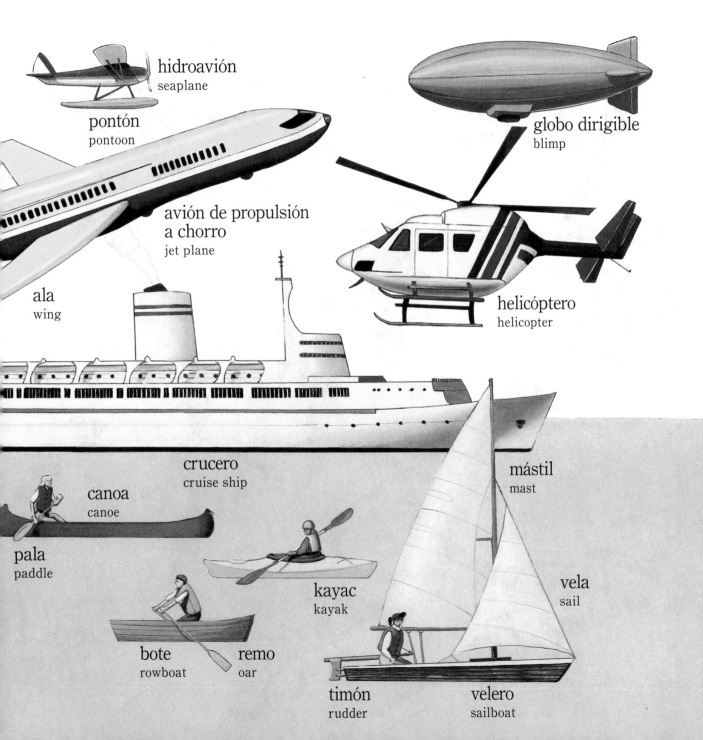

hidroavión
seaplane

pontón
pontoon

globo dirigible
blimp

avión de propulsión
a chorro
jet plane

ala
wing

helicóptero
helicopter

crucero
cruise ship

mástil
mast

canoa
canoe

pala
paddle

vela
sail

kayac
kayak

bote
rowboat

remo
oar

timón
rudder

velero
sailboat

AVES
BIRDS

pájaro carpintero
woodpecker

periquito
parakeet

paloma
pigeon

águila
eagle

plumaje
feathers

petirrojo
robin

búho
owl

nido
nest

avestruz
ostrich

pato
duck

gaviota
seagull

gorrión
sparrow

pico
beak

grajo azul
blue jay

ganso
goose

pingüino
penguin

cardenal
cardinal

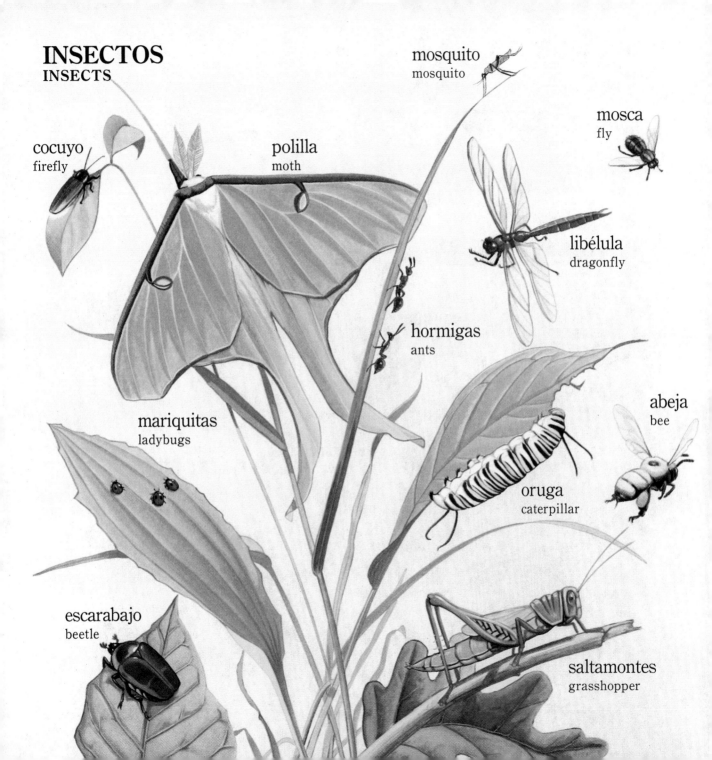

INSECTOS
INSECTS

mosquito
mosquito

mosca
fly

cocuyo
firefly

polilla
moth

libélula
dragonfly

hormigas
ants

mariquitas
ladybugs

abeja
bee

oruga
caterpillar

escarabajo
beetle

saltamontes
grasshopper

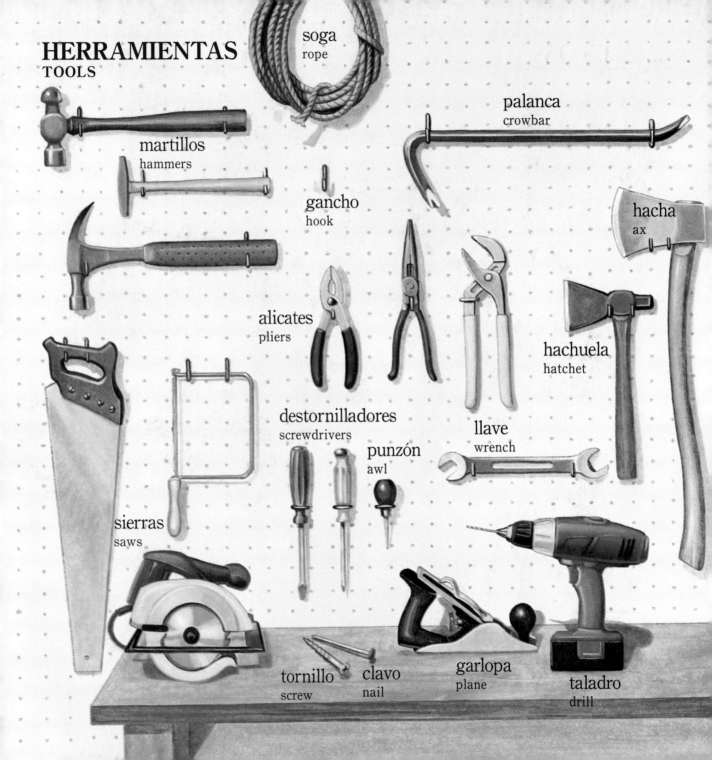

HERRAMIENTAS
TOOLS

soga
rope

palanca
crowbar

martillos
hammers

gancho
hook

hacha
ax

alicates
pliers

hachuela
hatchet

destornilladores
screwdrivers

llave
wrench

punzón
awl

sierras
saws

tornillo
screw

clavo
nail

garlopa
plane

taladro
drill

rastrillo
rake

azada
hoe

escalera
ladder

aceiteras
oil cans

regadera
watering can

podadera
clippers

azadón
spade

tijeras para esquilar
shears

manguera
hose

boquilla
nozzle

cubo
bucket

lata de gasolina
gasoline can

cortacésped
lawn mower

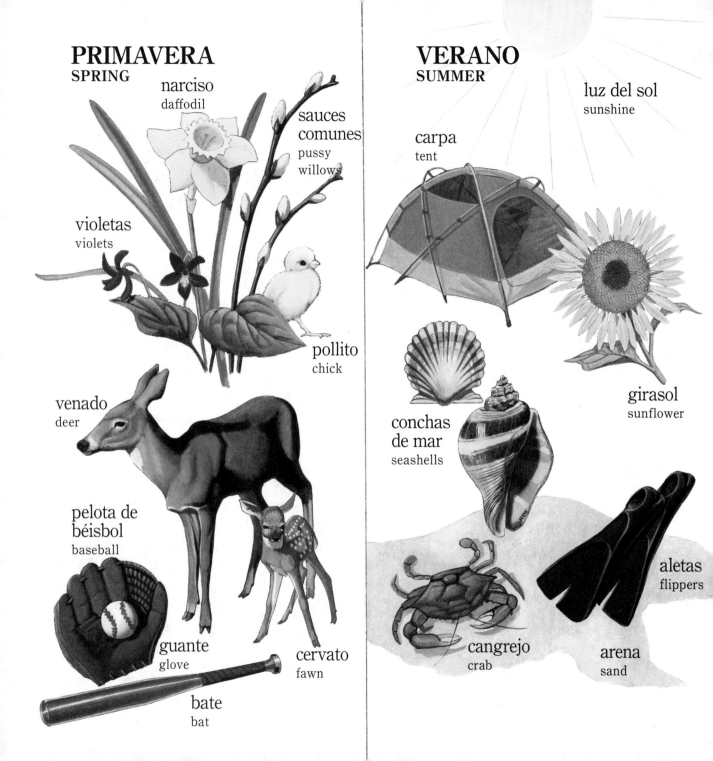

PRIMAVERA
SPRING

narciso
daffodil

sauces
comunes
pussy
willows

violetas
violets

pollito
chick

venado
deer

pelota de
béisbol
baseball

guante
glove

cervato
fawn

bate
bat

VERANO
SUMMER

luz del sol
sunshine

carpa
tent

girasol
sunflower

conchas
de mar
seashells

cangrejo
crab

aletas
flippers

arena
sand

OTOÑO
FALL

bruja
witch

calabaza
pumpkin

hojas
leaves

pavo
turkey

balón
football

casco
helmet

INVIERNO
WINTER

carámbano
icicle

copo de nieve
snowflake

árbol de
Navidad
Christmas
tree

fuego
fire

regalos
presents

acebo
holly

muñeco
de nieve
snowman

patines para
el hielo
ice skates

pala para
la nieve
snow shovel

trineo
sled

LA ESCUELA
SCHOOL

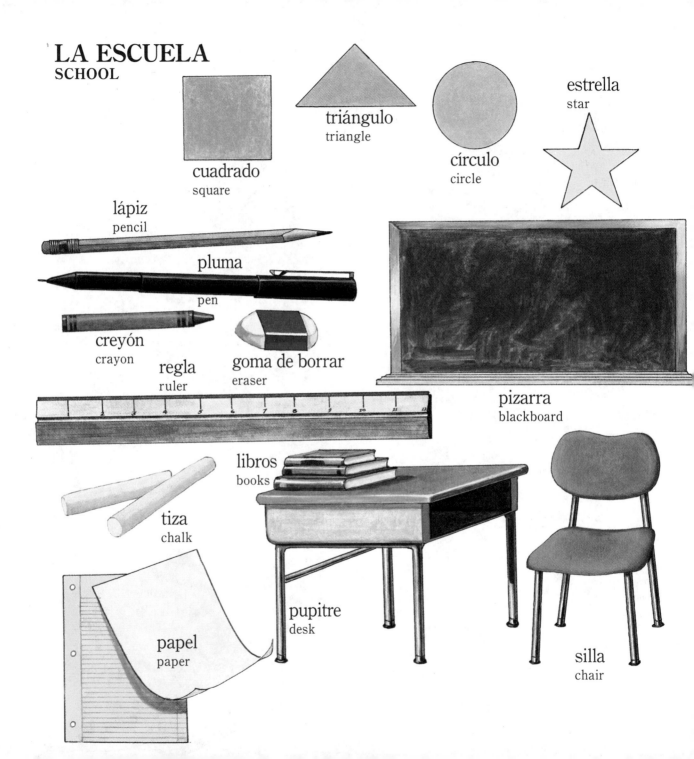

cuadrado
square

triángulo
triangle

círculo
circle

estrella
star

lápiz
pencil

pluma
pen

creyón
crayon

goma de borrar
eraser

regla
ruler

pizarra
blackboard

libros
books

tiza
chalk

pupitre
desk

papel
paper

silla
chair